3-vallin kara: Vallin ensimmäiset kuviot

Esimerkkejä ammattilaisurheilun turnauksista

Testaa itsesi vastaan ammattilaisjoukkueita

Allan P. Sand
PBIA Sertifioitu biljardin ohjaaja

ISBN 978-1-62505-275-9
PRINT 7x10

ISBN 978-1-62505-429-6
PRINT 8.5x11

First edition

Copyright © 2019 Allan P. Sand

All rights reserved under International and Pan-American Copyright Conventions.

Published by Billiard Gods Productions.
Santa Clara, CA 95051
U.S.A.

For the latest information about books and videos, go to: http://www.billiardgods.com

Acknowledgements

Wei Chao created the software that was used to create these graphics.

Sisällysluettelo

Käyttöönotto **1**
Tietoja taulukon asetteluista 1
Taulukon asennusohjeet... 2
Asettelujen tarkoitus... 2
A: 1 vallin ensin **3**
A: Ryhmä 1 3
A: Ryhmä 2 8
A: Ryhmä 3 13
A: Ryhmä 4 18
B: 1 vallin, nurkkaan **23**
B: Ryhmä 1 23
B: Ryhmä 2 28
C: 2 vallin ensin **33**
C: Ryhmä 1 33
C: Ryhmä 2 38
D: 3 vallin ensin, sarja 1 .... **43**
D: Ryhmä 1 43
D: Ryhmä 2 48
D: Ryhmä 3 53
D: Ryhmä 4 58
D: Ryhmä 5 63
D: Ryhmä 6 68
E: 3 vallin ensin, sarja 2 .... **73**
E: Ryhmä 1 73
E: Ryhmä 2 78
E: Ryhmä 3 83
E: Ryhmä 4 88
E: Ryhmä 5 93
E: Ryhmä 6 98
F: 4+ vallin ensin **103**
F: Ryhmä 1 103
F: Ryhmä 2 108

Other books by the author …
- 3 Cushion Billiards Championship Shots (a series)
- Carom Billiards: Some Riddles & Puzzles
- Carom Billiards: MORE Riddles & Puzzles
- Why Pool Hustlers Win
- Table Map Library
- Safety Toolbox
- Cue Ball Control Cheat Sheets
- Advanced Cue Ball Control Self-Testing Program
- Drills & Exercises for Pool & Pocket Billiards
- The Art of War versus The Art of Pool
- The Psychology of Losing – Tricks, Traps & Sharks
- The Art of Team Coaching
- The Art of Personal Competition
- The Art of Politics & Campaigning
- The Art of Marketing & Promotion
- Kitchen God's Guide for Single Guys

Käyttöönotto

Tämä on yksi sarjasta 3 tyyny biljardi -kirjoja, jotka osoittavat, kuinka ammattimaiset pelaajat tekevät päätöksiä, jotka perustuvat taulukon asetteluun. Kaikki nämä ulkoasut ovat kansainvälisiltä kilpailuilta.

Nämä asettelut asettavat sinut pelaajan päähän, alkaen pallojen paikoista (ensimmäisessä taulukossa). Toisen taulukon asettelun mukaan pelaaja päätti tehdä.

Tietoja taulukon asetteluista

Nämä ovat pöydän kolme palloa:

Ⓐ (CB) (sinun biljardipallo)

⊙ (OB) (vastustaja biljardipallo)

● (OB) (punainen biljardipallo)

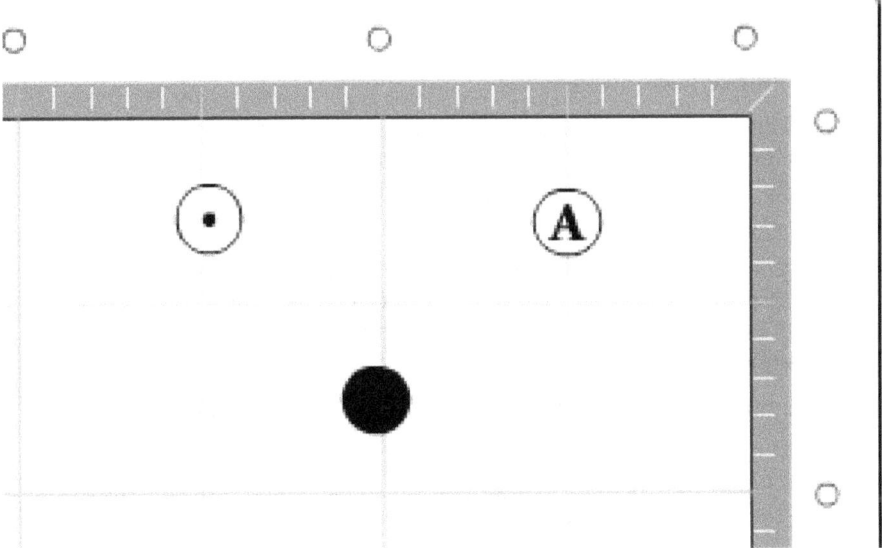

Jokaisessa konfiguraatiossa on kaksi taulukon ulkoasua. Ensimmäinen taulukko on pallopisteitä. Toinen taulukko on, kuinka pallot liikkuvat pöydällä.

Taulukon asennusohjeet

Käytä paperin vahvistusrenkaita merkitsemään pallopisteitä (ostakaa missä tahansa toimistotarvikkeiden myymälässä).

Aseta kolikko jokaiseen pöytätyynyyn, jonka (CB) koskettaa.

Vertaa (CB) polkuasi toisen taulukkon kokoonpanon kanssa. Jos haluat oppia, saatat tarvita useita yrityksiä. Jokaisen vian jälkeen tee säätö ja yritä uudelleen, kunnes olet onnistunut.

Asettelujen tarkoitus

Nämä asettelut on tarkoitettu kahteen tarkoitukseen.

- Analyysisi - Kotona voit pohtia, kuinka pelata kokoonpanoa ensimmäisellä pöydällä. Vertaa ideoita toisen taulukon todelliseen kuvioon. Ajattele ratkaisua ja harkitse vaihtoehtoja. Toisesta taulukosta voit myös analysoida, miten ohjeita noudatetaan. Henkisesti pelata laukaus ja päättää, miten voit onnistua.

- Käytä pöydän kokoonpanoa - Aseta pallot paikoilleen ensimmäisen pöydän kokoonpanon mukaisesti. Yritä kuvata samalla tavoin kuin toinen taulukkokaavio. Saatat tarvita useita yrityksiä ennen kuin löydät oikean tavan pelata. Näin voit oppia ja pelata näitä laukauksia kilpailujen ja turnausten aikana.

Henkisen analyysin ja käytännön käytännön yhdistelmä tekee sinusta älykkäämpää pelaajaa.

A: 1 vallin ensin

(CB) menee yhteen vallin ja sitten ensimmäiseen (OB). Sitten (CB) yhdistää kaksi (tai useampaa) pöytä vallin ja sitten toiseen (OB).

Ⓐ (CB) (sinun biljardipallo) – ⊙ (OB) (vastustaja biljardipallo) – ● (OB) (punainen biljardipallo)

A: Ryhmä 1

Analyysi:

A:1a. _____

A:1b. _____

A:1c. _____

A:1d. _____

A:1a – Piirustus

Huomautuksia ja ideoita:

Pallokuviota

A:1b – Piirustus

Huomautuksia ja ideoita:

Pallokuviota

A:1c – Piirustus

Huomautuksia ja ideoita:

Pallokuviota

A:1d – Piirustus

Huomautuksia ja ideoita:

Pallokuviota

A: Ryhmä 2

Analyysi:

A:2a. _____

A:2b. _____

A:2c. _____

A:2d. _____

A:2a – Piirustus

Huomautuksia ja ideoita:

Pallokuviota

A:2b – Piirustus

Huomautuksia ja ideoita:

Pallokuviota

A:2c – Piirustus

Huomautuksia ja ideoita:

Pallokuviota

A:2d – Piirustus

Huomautuksia ja ideoita:

Pallokuviota

A: Ryhmä 3

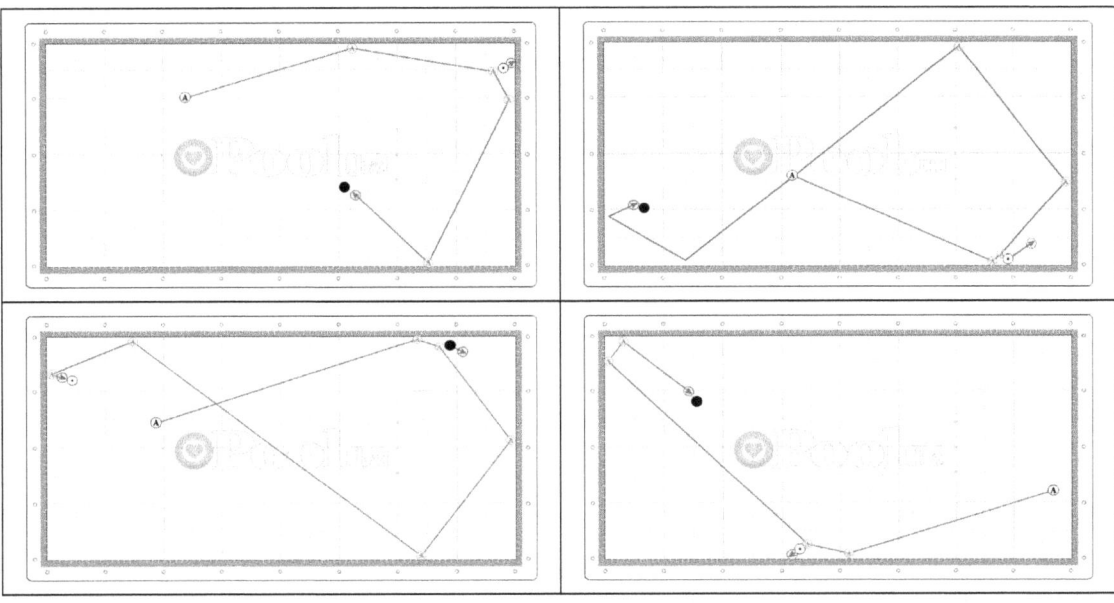

Analyysi:

A:3a. _____

A:3b. _____

A:3c. _____

A:3d. _____

A:3a – Piirustus

Huomautuksia ja ideoita:

Pallokuviota

A:3b – Piirustus

Huomautuksia ja ideoita:

Pallokuviota

A:3c – Piirustus

Huomautuksia ja ideoita:

Pallokuviota

A:3d – Piirustus

Huomautuksia ja ideoita:

Pallokuviota

A: Ryhmä 4

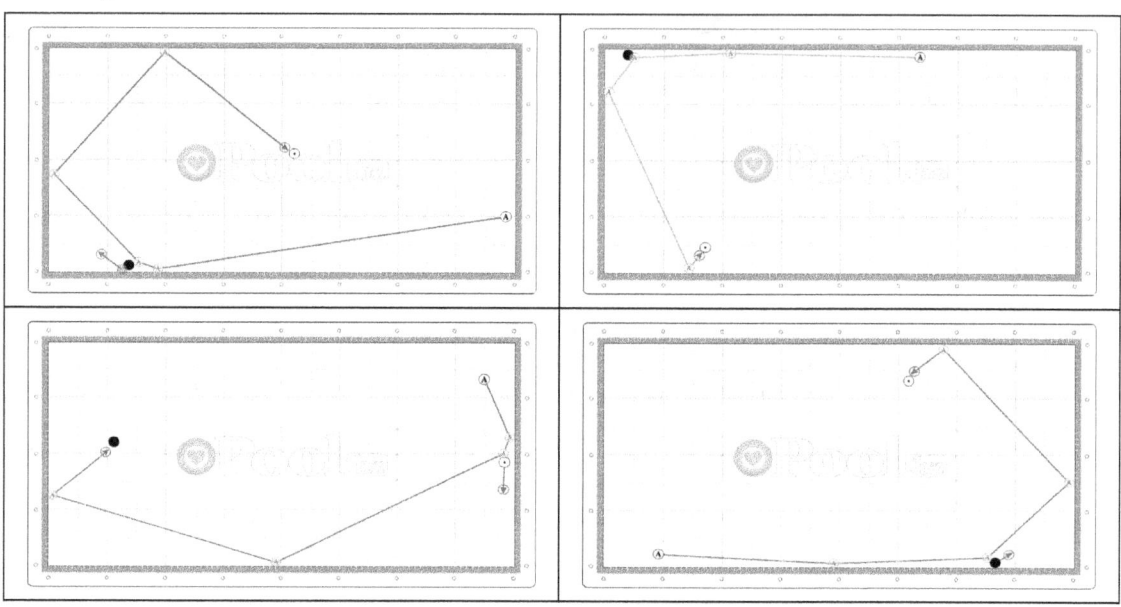

Analyysi:

A:4a. _____

A:4b. _____

A:4c. _____

A:4d. _____

A:4a – Piirustus

Huomautuksia ja ideoita:

Pallokuviota

A:4b – Piirustus

Huomautuksia ja ideoita:

Pallokuviota

A:4c – Piirustus

Huomautuksia ja ideoita:

Pallokuviota

A:4d – Piirustus

Huomautuksia ja ideoita:

Pallokuviota

B: 1 vallin, nurkkaan

(CB) koskettaa ensin yhtä pöydän sivua ja sitten koskettaa ensimmäisen (OB): n. (CB) kulkee sitten nurkkaan vielä kaksi vallin. Kun (CB) tulee ulos kulmasta saadakseen yhteyttä toisen (OB): n kanssa pisteet.

(A) (CB) (sinun biljardipallo) – (·) (OB) (vastustaja biljardipallo) – ● (OB) (punainen biljardipallo)

B: Ryhmä 1

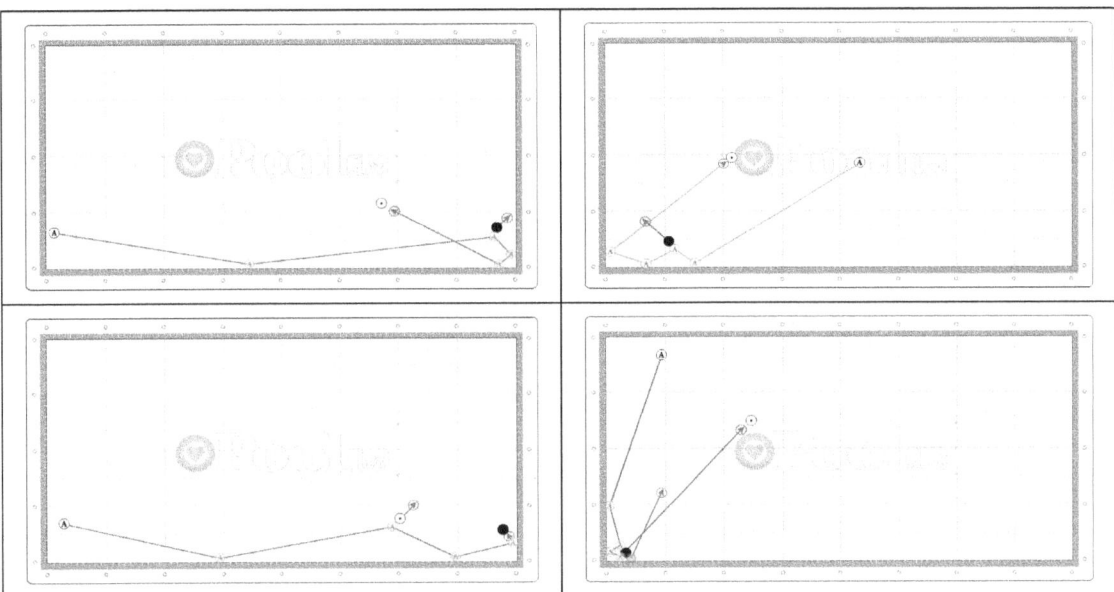

Analyysi:

B:1a. _____

B:1b. _____

B:1c. _____

B:1d. _____

B:1a – Piirustus

Huomautuksia ja ideoita:

Pallokuviota

B:1b – Piirustus

Huomautuksia ja ideoita:

Pallokuviota

B:1c – Piirustus

Huomautuksia ja ideoita:

Pallokuviota

B:1d – Piirustus

Huomautuksia ja ideoita:

Pallokuviota

B: Ryhmä 2

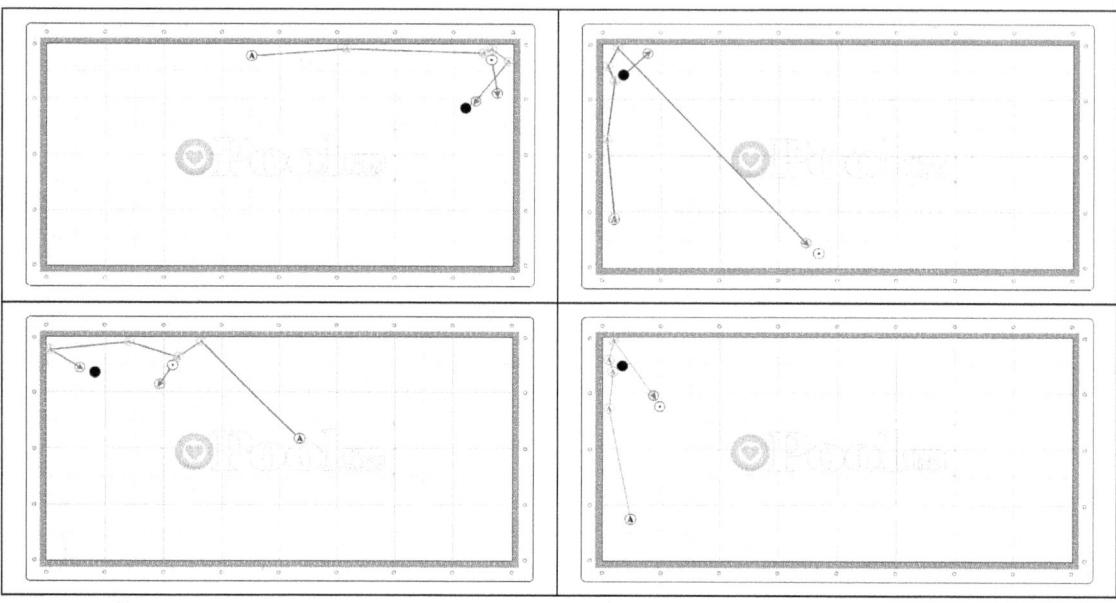

Analyysi:

B:2a. _____

B:2b. _____

B:2c. _____

B:2d. _____

B:2a – Piirustus

Huomautuksia ja ideoita:

Pallokuviota

B:2b – Piirustus

Huomautuksia ja ideoita:

Pallokuviota

B:2c – Piirustus

Huomautuksia ja ideoita:

Pallokuviota

B:2d – Piirustus

Huomautuksia ja ideoita:

Pallokuviota

C: 2 vallin ensin

(CB) menee kaksi vallin ennen kuin se koskettaa ensimmäistä (OB). Kontaktin jälkeen (CB) menee sitten yhteen tai useampaan vallin ja sitten toiseen (OB).

(A) (CB) (sinun biljardipallo) – (•) (OB) (vastustaja biljardipallo) – ● (OB) (punainen biljardipallo)

C: Ryhmä 1

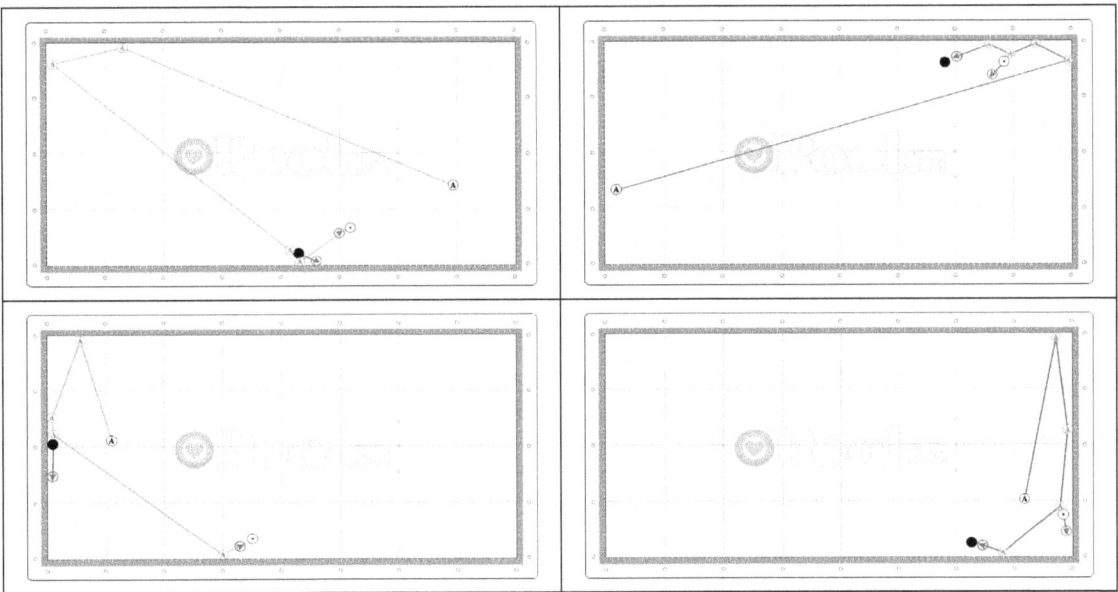

Analyysi:

C:1a. _____

C:1b. _____

C:1c. _____

C:1d. _____

C:1a – Piirustus

Huomautuksia ja ideoita:

Pallokuviota

C:1b – Piirustus

Huomautuksia ja ideoita:

Pallokuviota

C:1c – Piirustus

Huomautuksia ja ideoita:

Pallokuviota

C:1d – Piirustus

Huomautuksia ja ideoita:

Pallokuviota

C: Ryhmä 2

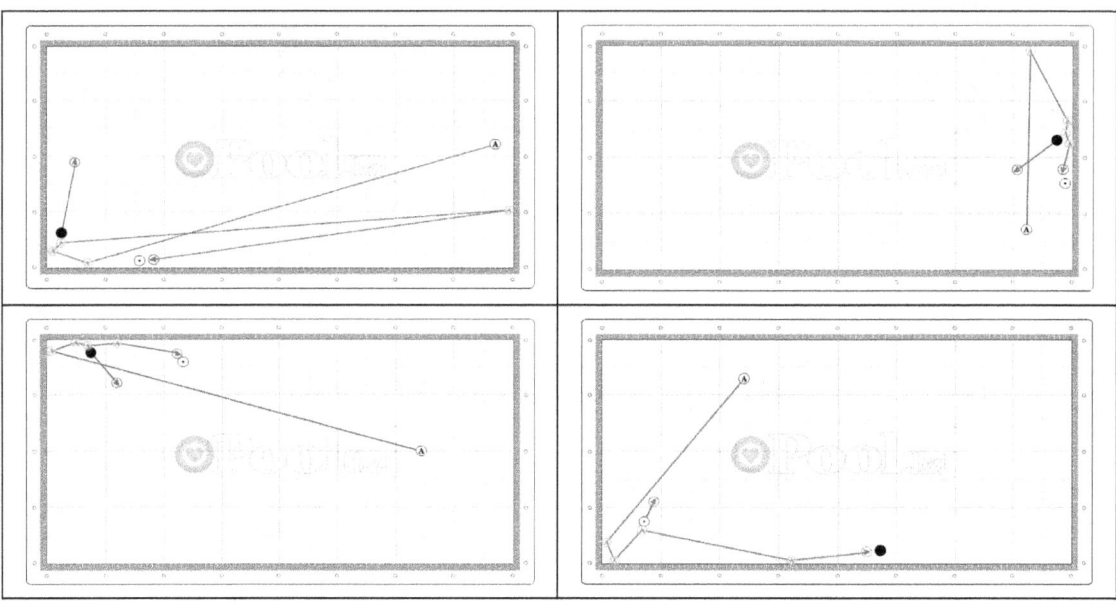

Analyysi:

C:2a. _____

C:2b. _____

C:2c. _____

C:2d. _____

C:2a – Piirustus

Huomautuksia ja ideoita:

Pallokuviota

C:2b – Piirustus

Huomautuksia ja ideoita:

Pallokuviota

C:2c – Piirustus

Huomautuksia ja ideoita:

Pallokuviota

C:2d – Piirustus

Huomautuksia ja ideoita:

Pallokuviota

D: 3 vallin ensin, sarja 1

Nämä esimerkit on jaettu kahteen osaan. (CB) menee kolmeen vallin ja sitten molempiin (OB).

Ⓐ (CB) (sinun biljardipallo) – ⊙ (OB) (vastustaja biljardipallo) – ● (OB) (punainen biljardipallo)

D: Ryhmä 1

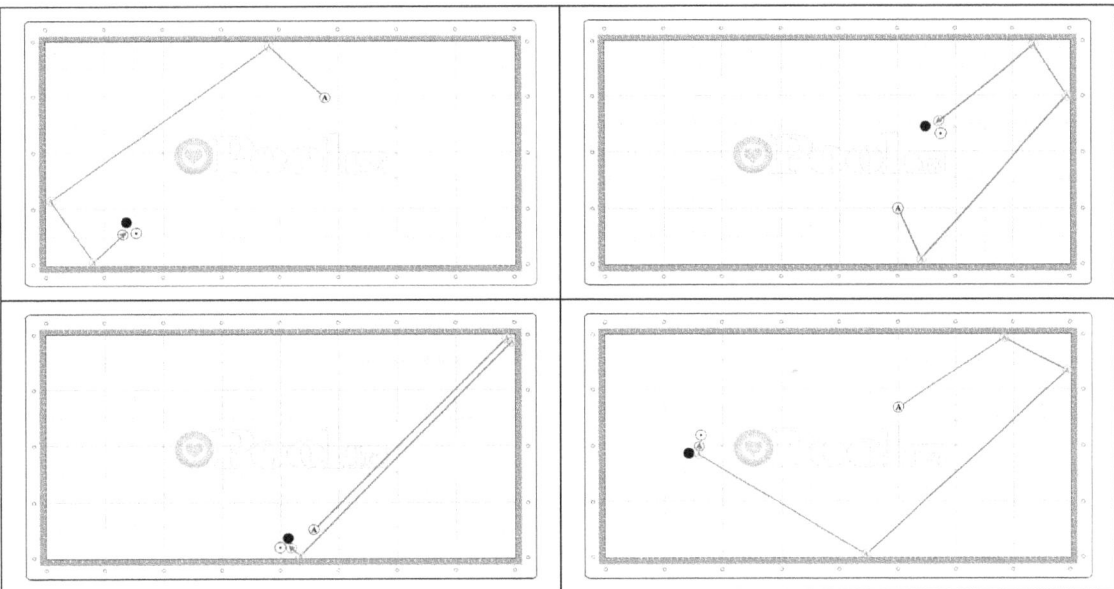

Analyysi:

D:1a. _____

D:1b. _____

D:1c. _____

D:1d. _____

D:1a – Piirustus

Huomautuksia ja ideoita:

Pallokuviota

D:1b – Piirustus

Huomautuksia ja ideoita:

Pallokuviota

D:1c – Piirustus

Huomautuksia ja ideoita:

Pallokuviota

D:1d – Piirustus

Huomautuksia ja ideoita:

Pallokuviota

D: Ryhmä 2

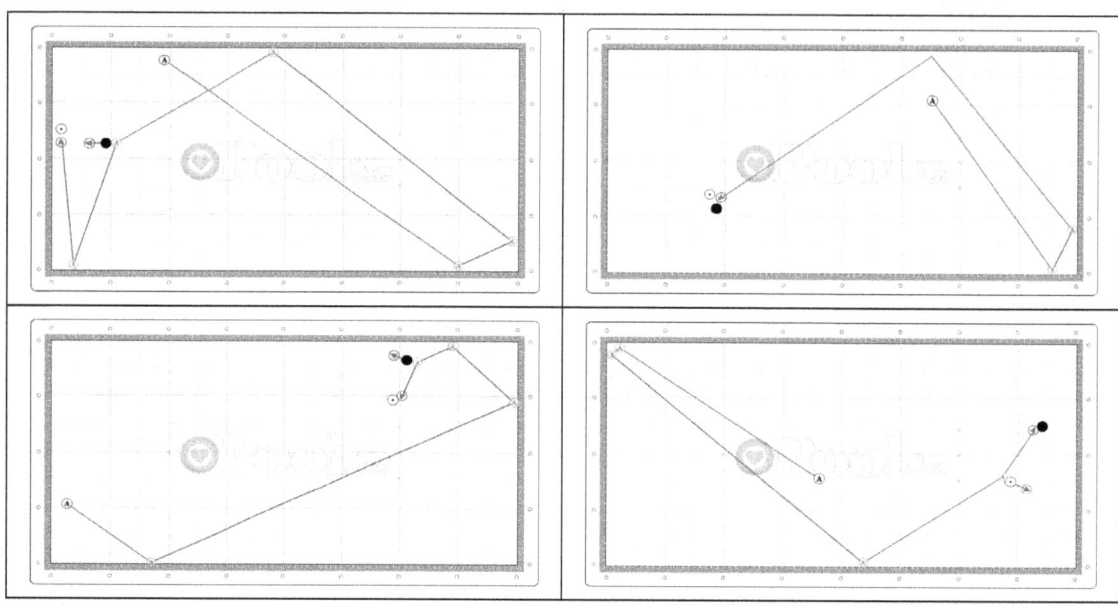

Analyysi:

D:2a. _____

D:2b. _____

D:2c. _____

D:2d. _____

D:2a – Piirustus

Huomautuksia ja ideoita:

Pallokuviota

D:2b – Piirustus

Huomautuksia ja ideoita:

Pallokuviota

D:2c – Piirustus

Huomautuksia ja ideoita:

Pallokuviota

D:2d – Piirustus

Huomautuksia ja ideoita:

Pallokuviota

D: Ryhmä 3

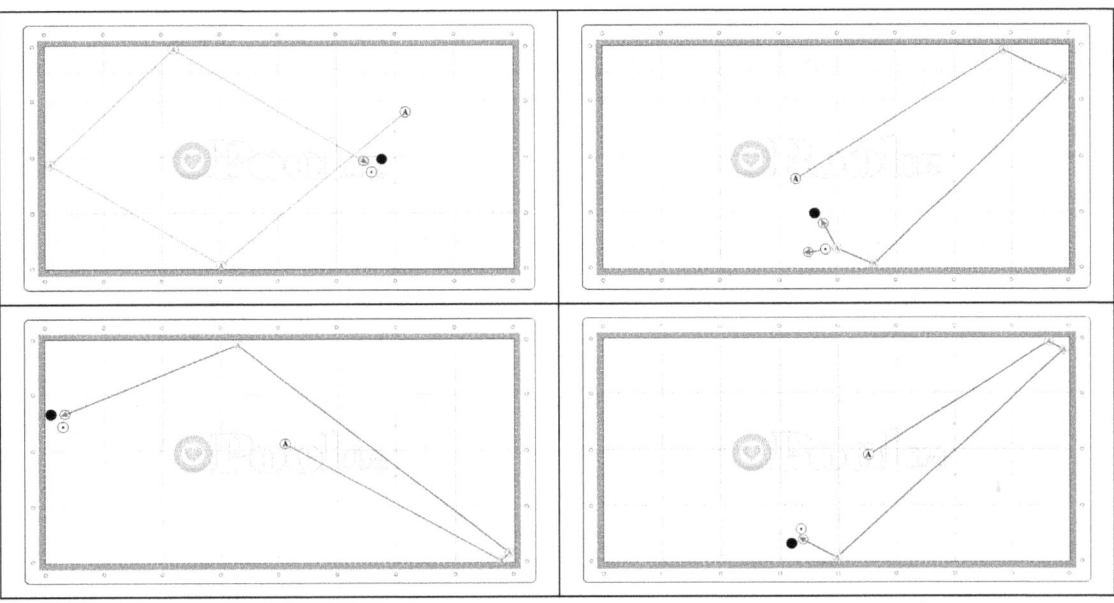

Analyysi:

D:3a. _____

D:3b. _____

D:3c. _____

D:3d. _____

D:3a – Piirustus

Huomautuksia ja ideoita:

Pallokuviota

D:3b – Piirustus

Huomautuksia ja ideoita:

Pallokuviota

D:3c – Piirustus

Huomautuksia ja ideoita:

Pallokuviota

D:3d – Piirustus

Huomautuksia ja ideoita:

Pallokuviota

D: Ryhmä 4

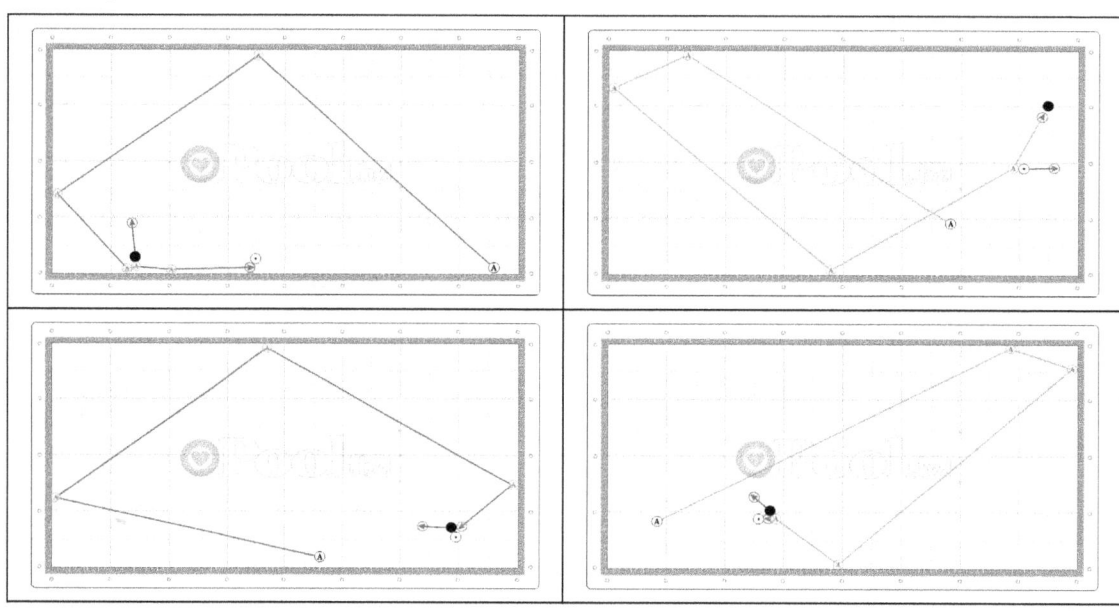

Analyysi:

D:4a. _____

D:4b. _____

D:4c. _____

D:4d. _____

D:4a – Piirustus

Huomautuksia ja ideoita:

Pallokuviota

D:4b – Piirustus

Huomautuksia ja ideoita:

Pallokuviota

D:4c – Piirustus

Huomautuksia ja ideoita:

Pallokuviota

D:4d – Piirustus

Huomautuksia ja ideoita:

Pallokuviota

D: Ryhmä 5

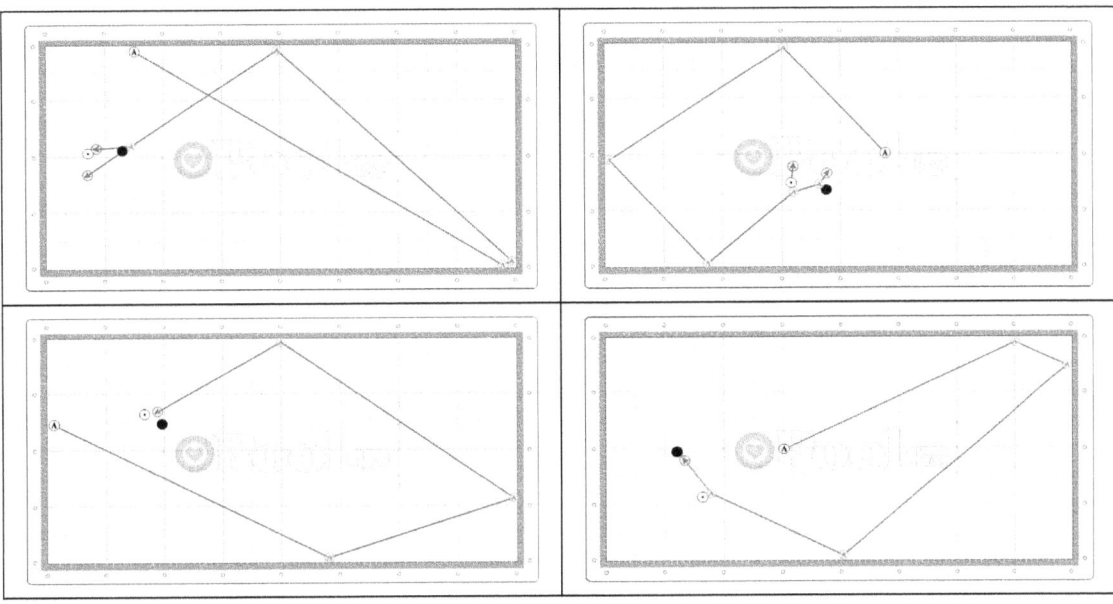

Analyysi:

D:5a. _____

D:5b. _____

D:5c. _____

D:5d. _____

D:5a – Piirustus

Huomautuksia ja ideoita:

Pallokuviota

D:5b – Piirustus

Huomautuksia ja ideoita:

Pallokuviota

D:5c – Piirustus

Huomautuksia ja ideoita:

Pallokuviota

D:5d – Piirustus

Huomautuksia ja ideoita:

Pallokuviota

D: Ryhmä 6

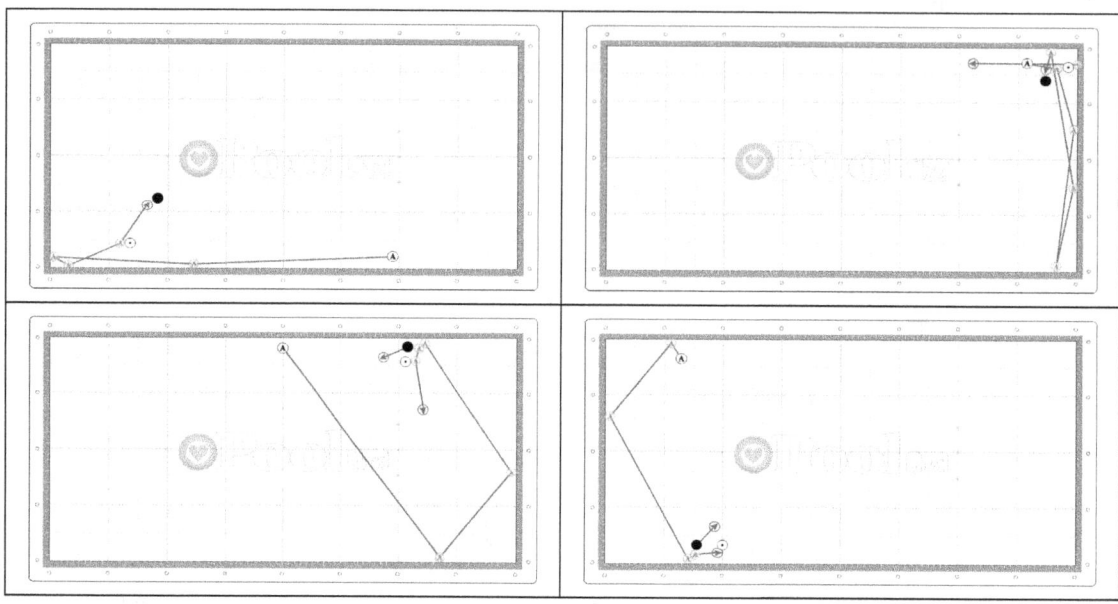

Analyysi:

D:6a. _____

D:6b. _____

D:6c. _____

D:6d. _____

D:6a – Piirustus

Huomautuksia ja ideoita:

Pallokuviota

D:6b – Piirustus

Huomautuksia ja ideoita:

Pallokuviota

D:6c – Piirustus

Huomautuksia ja ideoita:

Pallokuviota

D:6d – Piirustus

Huomautuksia ja ideoita:

Pallokuviota

E: 3 vallin ensin, sarja 2

Nämä ovat kolmeen vallin ensimmäiseen tilanteeseen.

(A) (CB) (sinun biljardipallo) – (·) (OB) (vastustaja biljardipallo) – ● (OB) (punainen biljardipallo)

E: Ryhmä 1

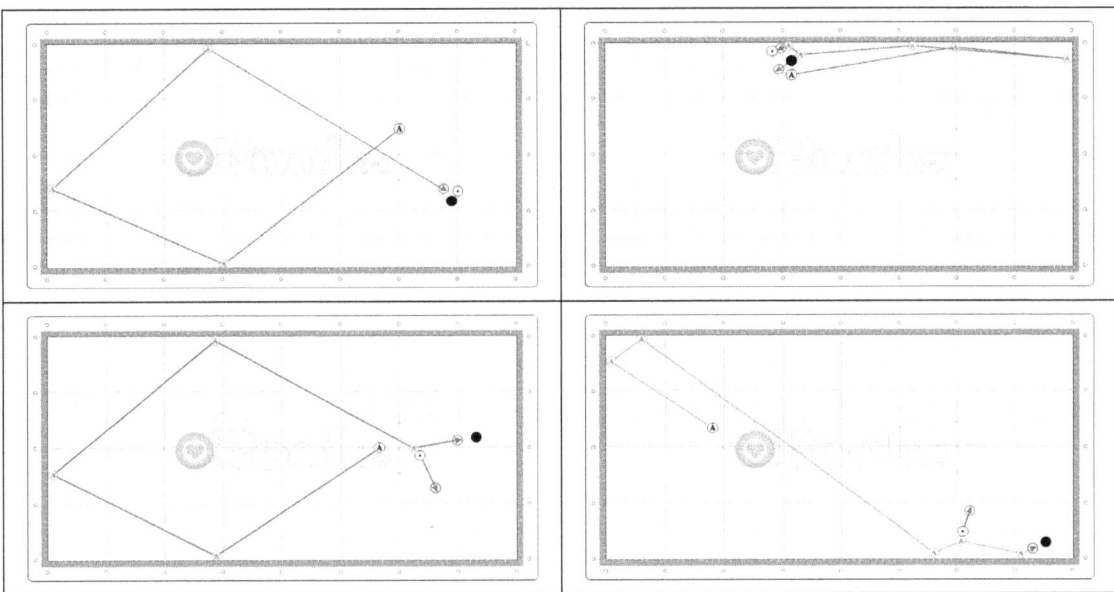

Analyysi:

E:1a. _____

E:1b. _____

E:1c. _____

E:1d. _____

E:1a – Piirustus

Huomautuksia ja ideoita:

Pallokuviota

E:1b – Piirustus

Huomautuksia ja ideoita:

Pallokuviota

E:1c – Piirustus

Huomautuksia ja ideoita:

Pallokuviota

E:1d – Piirustus

Huomautuksia ja ideoita:

Pallokuviota

E: Ryhmä 2

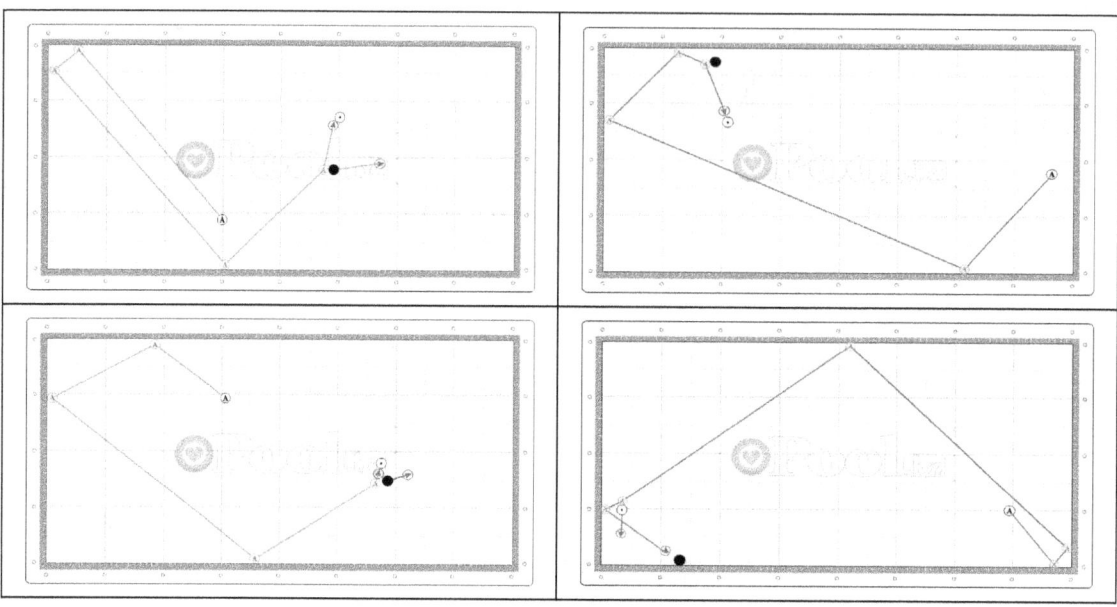

Analyysi:

E:2a. _____

E:2b. _____

E:2c. _____

E:2d. _____

E:2a – Piirustus

Huomautuksia ja ideoita:

Pallokuviota

E:2b – Piirustus

Huomautuksia ja ideoita:

Pallokuviota

E:2c – Piirustus

Huomautuksia ja ideoita:

Pallokuviota

E:2d – Piirustus

Huomautuksia ja ideoita:

Pallokuviota

E: Ryhmä 3

Analyysi:

E:3a. _____

E:3b. _____

E:3c. _____

E:3d. _____

E:3a – Piirustus

Huomautuksia ja ideoita:

Pallokuviota

E:3b – Piirustus

Huomautuksia ja ideoita:

Pallokuviota

E:3c – Piirustus

Huomautuksia ja ideoita:

Pallokuviota

E:3d – Piirustus

Huomautuksia ja ideoita:

Pallokuviota

E: Ryhmä 4

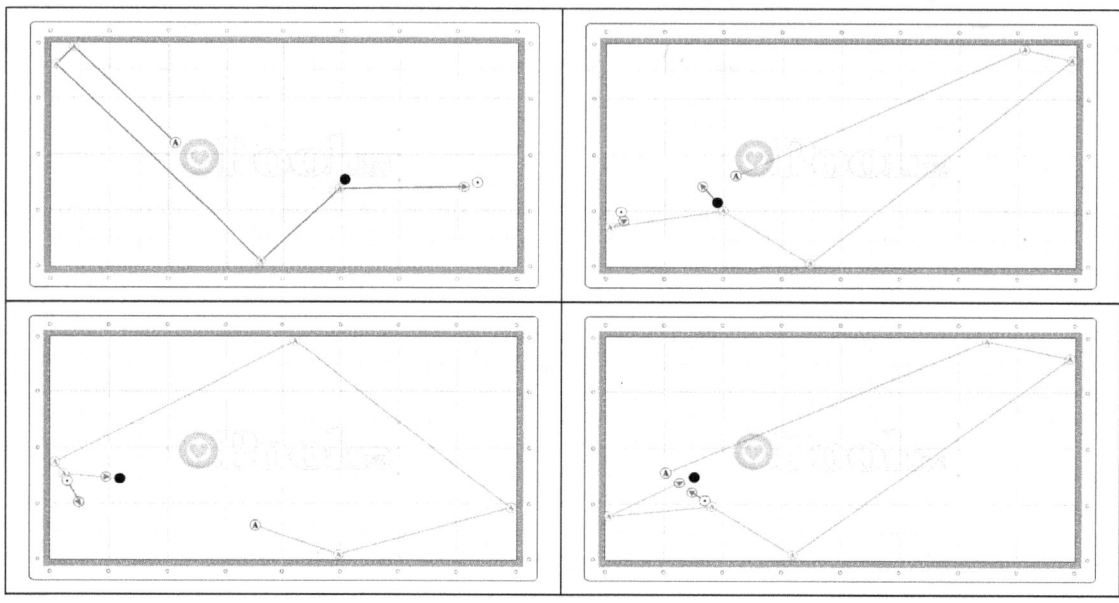

Analyysi:

E:4a. _____

E:4b. _____

E:4c. _____

E:4d. _____

E:4a – Piirustus

Huomautuksia ja ideoita:

Pallokuviota

E:4b – Piirustus

Huomautuksia ja ideoita:

Pallokuviota

E:4c – Piirustus

Huomautuksia ja ideoita:

Pallokuviota

E:4d – Piirustus

Huomautuksia ja ideoita:

Pallokuviota

E: Ryhmä 5

Analyysi:

E:5a. _____

E:5b. _____

E:5c. _____

E:5d. _____

E:5a – Piirustus

Huomautuksia ja ideoita:

Pallokuviota

E:5b – Piirustus

Huomautuksia ja ideoita:

Pallokuviota

E:5c – Piirustus

Huomautuksia ja ideoita:

Pallokuviota

E:5d – Piirustus

Huomautuksia ja ideoita:

Pallokuviota

E: Ryhmä 6

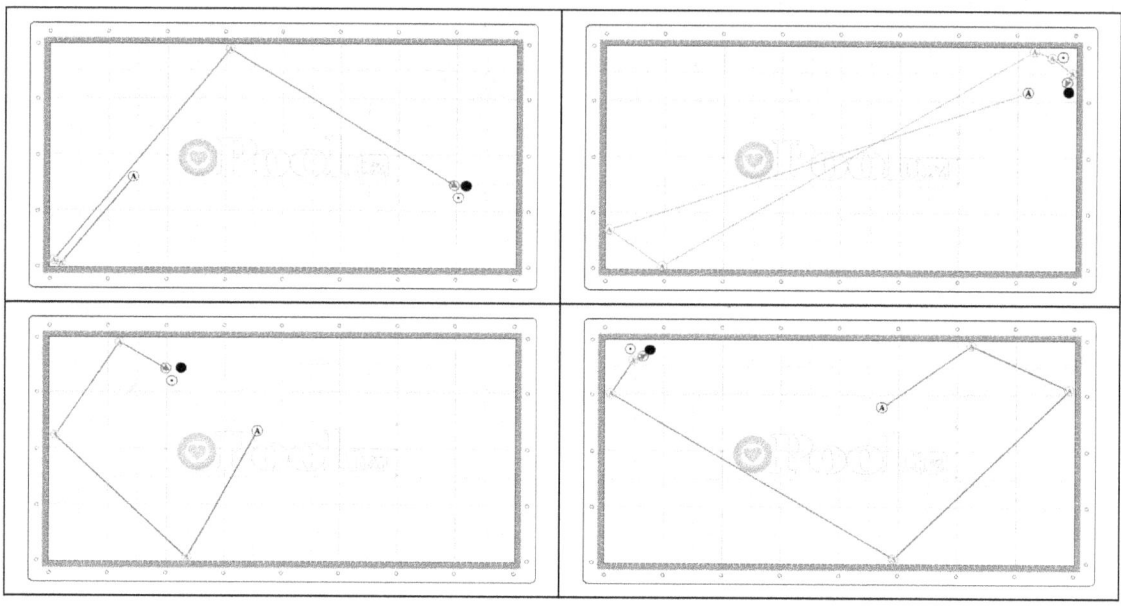

Analyysi:

E:6a. _____

E:6b. _____

E:6c. _____

E:6d. _____

E:6a – Piirustus

Huomautuksia ja ideoita:

Pallokuviota

E:6b – Piirustus

Huomautuksia ja ideoita:

Pallokuviota

E:6c – Piirustus

Huomautuksia ja ideoita:

Pallokuviota

E:6d – Piirustus

Huomautuksia ja ideoita:

Pallokuviota

F: 4+ vallin ensin

Ampuja lähettää (CB) neljään (tai useampaan) vallin ennen (CB) koskettamista ensin (OB). Joskus ylimääräiset vallin ovat vahingossa.

Ⓐ (CB) (sinun biljardipallo) – ⊙ (OB) (vastustaja biljardipallo) – ● (OB) (punainen biljardipallo)

F: Ryhmä 1

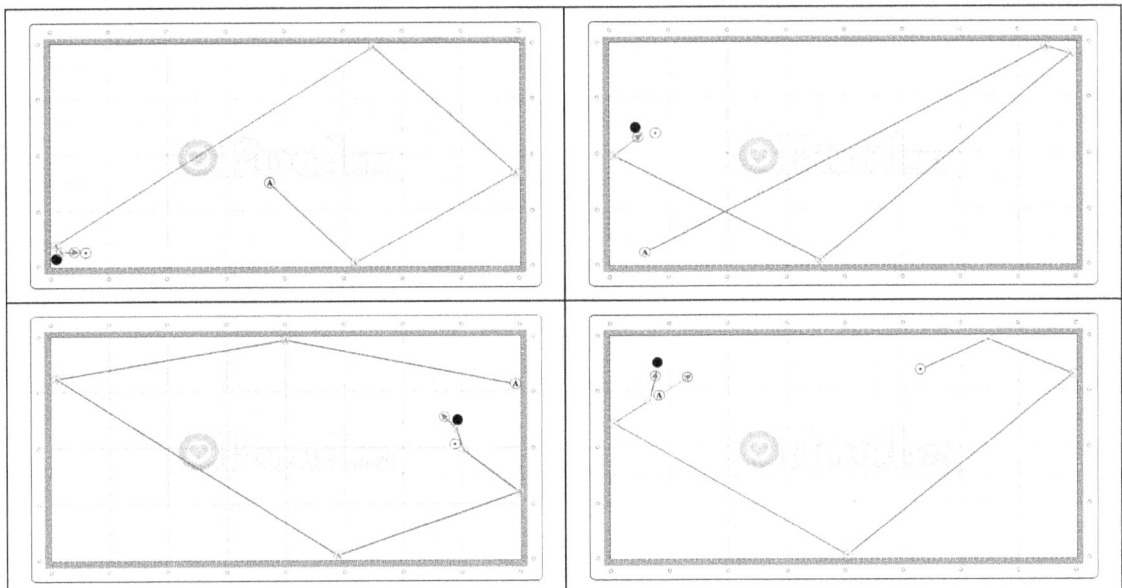

Analyysi:

F:1a. _____

F:1b. _____

F:1c. _____

F:1d. _____

F:1a – Piirustus

Huomautuksia ja ideoita:

Pallokuviota (4 rails)

F:1b – Piirustus

Huomautuksia ja ideoita:

Pallokuviota (4 rails)

F:1c – Piirustus

Huomautuksia ja ideoita:

Pallokuviota (4 rails)

F1d – Piirustus

Huomautuksia ja ideoita:

Pallokuviota (4 rails)

F: Ryhmä 2

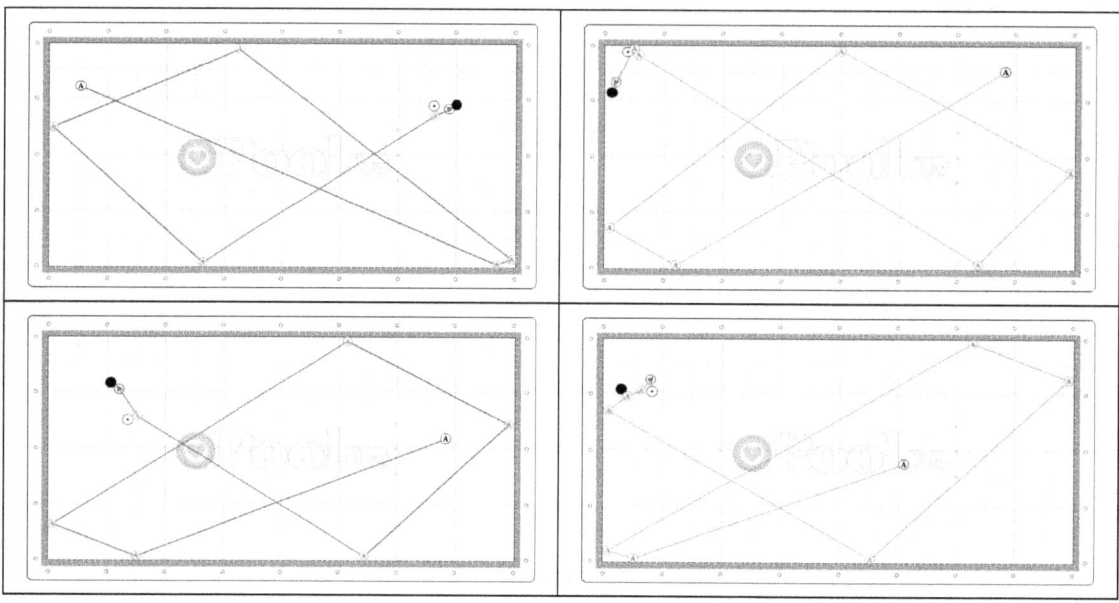

Analyysi:

F:2a. _____

F:2b. _____

F:2c. _____

F:2d. _____

F:2a – Piirustus

Huomautuksia ja ideoita:

Pallokuviota (5 rails)

F:2b – Piirustus

Huomautuksia ja ideoita:

Pallokuviota (5 rails)

F:2c – Piirustus

Huomautuksia ja ideoita:

Pallokuviota (5 rails)

F:2d – Piirustus

Huomautuksia ja ideoita:

Pallokuviota (6 rails)